W0077076

Schirner
Verlag

Dieses kleine Büchlein hilft dir, wieder mit deiner eigenen göttlichen Kraft in Kontakt zu kommen. Es zeigt dir, wie du mithilfe deiner ureigenen Schöpferkraft deine Umwelt energetisieren kannst, um dann selbst Kraft aus ihr zu tanken.

Mit dem hier vermittelten Wissen kannst du beispielsweise Amulette aufladen, Energiesprays herstellen und eigene Kraftplätze erschaffen.

Georg Huber, Jahrgang 1982, ist ausgebildeter esoterischer Berater, unter anderem Clearing Berater und Reiki-Lehrer. Bereits seit seiner Jugendzeit widmet er sich der Energiearbeit, der Kräuterheilkunde und der Aromatherapie und konnte vielfältige Erfahrungen auf diesen Gebieten sammeln.

Weitere Informationen über den Autor findest du auf der Webseite www.das-lichtzentrum.de.

Georg Huber

Entdecke deine Schöpferkraft

Wie du Objekte der Kraft selbst herstellen kannst

ISBN 978-3-89767-948-1

Georg Huber:
Entdecke deine Schöpferkraft
Wie du Objekte der Kraft
selbst herstellen kannst
© 2010 Schirner Verlag, Darmstadt

Umschlag: Murat Karaçay, Schirner
Redaktion: Katja Hiller, Schirner
Satz: Annika Schauf, Books' Looks
Printed by: FINIDR, Czech Republic

www.schirner.com

1. Auflage 2010

Alle Rechte der Verbreitung, auch durch Funk, Fernsehen und sonstige
Kommunikationsmittel, fotomechanische oder vertonte Wiedergabe sowie des
auszugsweisen Nachdrucks vorbehalten

Inhalt

Von Herz zu Herz

Lieber Leser,

in meinen vorherigen Büchern habe ich immer die Ansprache mit »Sie« gewählt, doch beim Schreiben dieses Buches sträubte sich mit jeder weiteren Zeile ein Teil in mir mehr gegen dieses Wort. Das Wort »Sie« wählen wir aus der Illusion heraus, von den anderen Menschen getrennt zu sein. Aber ist dies nicht genau die Illusion, die wir bestrebt sind, aufzulösen?

In der heutigen Zeit ist es wichtig, zurück zum Wir-Bewusstsein zu finden. Wir alle stammen aus einer Quelle, und die Augen, in die ich blicke, sind auch meine Augen. Wir sind nicht getrennt, wir sind und waren immer eins. Wir haben uns etwas Großes vorgenommen und nur gemeinsam, Hand in Hand, können wir das auch erreichen.

Ich spreche dich also in diesem Buch mit dem Wort »du« an, doch ich verspreche dir: Auch wenn ich »du« schreibe, dann tue ich es mit dem vollen Respekt und der Liebe, die du, liebe Leserin bzw. lieber Leser, verdient hast.

Hinweis:
Die hier genannten Heiltechniken ersetzen keine ärztlichen Therapien. Bei Krankheiten ist es grundsätzlich ratsam, einen Arzt oder Heilpraktiker aufzusuchen.

Einleitung

Wir nutzen unsere Schöpferkraft jeden Tag, manchmal bewusst, meistens aber doch recht unbewusst. Wir alle haben vergessen, wie es ist, in uns verankert zu sein, in unserer schöpferischen Eigenmacht. Pausenlos denken wir oder fühlen wir, ohne uns der Konsequenzen bewusst zu sein. Wir machen uns über alles Mögliche Sorgen, haben die verrücktesten Ideen, stellen uns die schlimmsten Sachen vor oder grübeln ständig über unsere Vergangenheit oder unsere Zukunft. So manches Mal sind wir Gefangene unserer eigenen Gefühle und Gedanken. Wenn wir dann an den Punkt kommen, an dem wir von unserer Schöpferkraft Gebrauch machen könnten – z. B. in Krisen –, geben wir diese Kraft meistens ab. Dann glauben wir, machtlos zu sein.

Mit diesem Buch möchte ich dich in deine ureigenste Schöpferkraft führen und es dir ermöglichen, aus dieser Kraft heraus zu leben.
Ich möchte dir zeigen, wie du, verbunden mit deiner Schöpferkraft, alltägliche Objekte deines Lebens nutzen kannst, indem du sie energetisierst und informierst.
Ich möchte dir zeigen, wie du Energien wahrnehmen und sie umwandeln kannst.

Und ich möchte dir zeigen, wie du verbunden mit deiner Schöpferkraft Felder der Heilung, des Mutes, des Vertrauens und der Freude erschaffen kannst – für dich selbst und für andere.

Hast du Lust bekommen, all dies zu tun?
Fangen wir also an.

Alles Liebe
Georg

Ja, ich will machtvoll sein

Das Wort »Macht« wird oft falsch verstanden und mit etwas Schlechtem assoziiert. In der Geschichte der Menschheit gab es immer Einzelne oder ein Kollektiv, das seine Macht dazu genutzt hat, andere Menschen auf schädliche Weise zu beeinflussen. Macht wurde benutzt, um Menschen zu verletzen, sie unter Kontrolle zu halten und zu manipulieren oder um ganz gezielt Leid zu erschaffen. Dadurch hat sich in uns der Glaube entwickelt, dass Macht etwas Schlechtes sei und dass Macht zu haben, unausweichlich dazu führe, andere Mensch zu verletzen.

Oft könnte man meinen, das stimme. Wir brauchen uns nur einmal umzuschauen, in der Familie, in der Arbeitswelt, in der Gesellschaft und in den großen Institutionen. Macht scheint etwas zu sein, dass Schaden anrichtet.

Doch ich bitte dich, deine Ansicht über Macht zu ändern, falls du sie nicht ohnehin schon abgelegt hast. Macht ist nichts Schlechtes. Macht ist ein Teil unseres Seins. Wir alle kommen von IHM, und so wie Gott machtvoll ist, so sind auch wir es. Macht ist eine Kraft, die uns dabei hilft, zu wachsen, Entscheidungen zu treffen sowie uns und unsere Energie auszudrücken.

Wir können gar nicht anders, als MACHTVOLL zu sein, denn alles, was wir tun, und alles, was wir denken und fühlen, ist von dieser Kraft durchflutet.

Anderen Menschen die Macht geben

Sehr oft geben wir die Macht ab. Wir sind vielleicht krank oder stecken tief in unserem Leid. Dann suchen wir einen Arzt nach dem anderen auf, gehen von einem Heiler zum anderen, von einem Guru zum anderen. Wir suchen in den anderen etwas, von dem wir glauben, es nicht in uns finden zu können. Es ist das Gefühl der Ohnmacht, das uns dazu treibt, überall im Außen nach Hilfe zu suchen, anstatt nach Innen zu schauen. In uns finden wir wirklich alles, was wir brauchen.

Hilfe anzunehmen ist nichts Schlechtes. Wir alle sind eine große Gemeinschaft und im Herzen sind wir eins. Jeder Mensch hat ein Talent oder trägt eine Information in sich, die uns auf unserem Weg weiterhilft. Doch der Weg in die Kraft führt immer über uns selbst. Der erste Schritt auf diesem Weg ist, das eigene göttliche Potenzial zu erkennen. Wir Menschen sehen uns oft als so klein an, dabei sind wir große Engel. Wir sehen uns als so dunkel und schwach an, dabei leuchten wir so hell wie die Sonne.

Bitte stelle dir einmal vor, dass du Gott bist und dich selbst mit seinen Augen siehst. Es ist unwichtig, zu wissen, wie

Gott sieht oder was er fühlt. Habe einfach nur die Absicht, dich durch die Augen eines Wesens zu sehen, das nicht dem Spiel des Leides unterworfen ist.

Was siehst du? Was hörst du?

Du mein geliebtes Seelenkind,

ich sehe dich dort sitzen und weinen. Weinen, weil du so voller Leid bist und keinen Ausweg siehst.

Du bittest mich darum, dir zu helfen. Doch wie könnte ich das tun? Wie kann ich dir etwas geben, was du bereits hast? Ich wünschte, du könntest dich sehen, wie ich dich sehe. Nur einmal.

Dein Leuchten, deine Stärke, deine Kraft, die da sind, ständig in dir. Wie könntest du nur einen Moment etwas Geringeres sein, als ICH BIN? Wie könntest du nur einen Moment in deinem Leben von mir getrennt sein, wo ich doch da bin, IN DIR.

Du hast mit deiner Angst, es nicht zu schaffen, um dich herum eine Energie aufgebaut, die es mir kaum möglich macht, dich daran zu erinnern, wer du bist. Doch diese

Energie ist nur Illusion, mein Kind. Mit einem Wort, mit einer kleinen Absicht kannst du sie wieder wandeln.

Du hast dir eingebildet, etwas anderes zu sein als ich. Du hast dein machtvolles Herz mit einem Schleier verdeckt und glaubst jetzt, hilflos zu sein.

Doch sieh und glaube mir, du bist und warst es nie. Wische dir deine Tränen ab, mein Kind, und stehe auf. Egal, was da ist, um dich herum, halte einen Moment inne, und verbinde dich wieder mit mir. Fühle in dich hinein. Fühlst du, wie ich lebe, in dir?

Ich habe dir all die Kraft gegeben, die du brauchst, um jede auch allzu schlimme Situation in deinem Leben zu meistern. Ich habe dir die Kraft gegeben, dein Leben wieder in die für dich dienliche Bahn zu lenken.

Stehe auf, und erinnere dich daran, WER DU BIST!!!!

Wir alle streben danach, wieder die Einheit zu erkennen, die Einheit mit dem Gott in uns.

Doch alle unsere spirituellen Bemühungen werden keine Früchte tragen, solange ... ja, solange wir nicht wieder in unsere Macht kommen.

Licht und Schatten

Jeder Mensch hatte in einer seiner Inkarnationen mit Machtmissbrauch zu tun, und wir selbst waren auch Täter, nicht nur Opfer. Doch habe deswegen keine Schuldgefühle. Natürlich fühlt es sich besser für uns an, wenn wir wissen, dass wir ein heiliger Samariter oder ein toller Heiler waren oder etwas Lichtvolles und Ehrenwertes getan haben. Doch die Wahrheit ist: Wir waren auch Täter, viele Male. Das gehört einfach zu der Erfahrung des Menschseins dazu. Ein Täter zu sein ist nichts Schlechtes. Und ein Opfer zu sein ist nichts Heiliges. In unsere Kraft zu kommen, bedeutet, beides zu integrieren, zu akzeptieren und auch zu lieben: Licht und Schatten. Beides ist in uns.

Bei vielen spirituellen Menschen kann man beobachten, dass sie auf der Lichtseite stehen wollen und jegliche Emotionen und Erfahrungen vermeiden, die man mit Schatten assoziieren könnte. Doch es geht meiner Meinung nach nicht darum, immer lichtvoller zu werden. Das ist nur die eine Seite der Medaille. Wir berauben uns der eigenen Schöpferkraft, wenn wir den Teil in uns verleugnen, der den Schatten darstellt.

Wir werden lichtvoll sein, wir sind lichtvoll. Doch Gottes Wunsch, unser aller Wunsch ist es, dass alles wieder in die Einheit zurückkehrt. Diese Einheit verbindet beides: Licht und Schatten, Gut und Böse. Dies sind lediglich Teile des Ganzen und Aspekte des unendlichen göttlichen Ausdrucks.

So verurteile dich nicht mehr für deine schlechten Taten. Schäme dich nicht für die Erkenntnisse, die du durch das scheinbar Böse gesammelt hast. Beraube dich nicht weiter deiner Kraft, weil du vielleicht in deinem Leben weniger lichtvoll gehandelt hast als andere. Akzeptiere diese schlechten Taten als eine Erfahrung. Vergib dir, und liebe dich dafür.

Dann bist du tatsächlich in der Liebe zu allem, was ist, und du erkennst Gott in jeder Schöpfung, in jeder Situation. Spüre in dich hinein. Wenn du deine Schöpferkraft wieder in dir finden möchtest, geht das eben nur über die Annahme deines Lichts und deiner Schatten. Das weißt du genau.

Du musst nicht viel tun, um dich wieder mit der eigenen Macht zu verbinden. Das Einzige, was du tun musst, ist: Erkenne, dass du gar nicht anders sein kannst als machtvoll.

Du bist ein Teil Gottes. Akzeptiere deine Schatten, so, wie du dein Licht akzeptierst.

Damit du deine Schöpferkraft wiederentdeckst, reicht eine klare Absicht, ein kleines Ritual aus. Und wenn die Zeit gekommen ist, wirst du voll und ganz erkennen, wer du bist und welche Macht du hast.

Ritual zur Rückverbindung mit der Schöpferkraft

Vorbereitung

Lege oder setze dich entspannt hin. Welche Position du wählst, ist egal. Es gibt viele Lehren, die uns vorgeben, dass wir beim Meditieren gerade sitzen sollen. Aber ich finde, es ist wichtiger, dass du eine Sitzposition findest, in der du eine Weile verbleiben kannst. Wenn du liegen oder sitzen willst, dann tue es.

Die aufrechte Sitzposition ist zwar zu empfehlen, weil wir dann wacher und klarer sind. Doch es gibt Menschen, die Schwierigkeiten mit dieser Sitzhaltung haben. Es spricht nichts dagegen, beim Meditieren den Rücken anzulehnen oder sich gemütlich ins Bett zu legen.

Bei allen Ritualen ist es wichtig, ins Gefühl zu kommen. Die Worte, die wir aussprechen, erschaffen Dinge und sind machtvoll. Noch wichtiger ist es aber, dass wir alles auch in uns fühlen können.

Mache dir bewusst, dass du mit diesem Ritual den Startschuss dazu gibst, in ein neues, machtvolles Leben einzutreten – in ein Leben voller Eigenmacht und Schöpferkraft.

Zünde eine Kerze an. Vielleicht hast du auch Lust, vor dem Ritual ein bisschen zu räuchern oder deinen Lieblingsduft verströmen zu lassen. Wenn du möchtest, höre schöne Musik. Tue genau das, was dir guttut. Komme zurück zu dir, komme in dein Herz und in deine Stille. Dies ist dein heiligster Moment.

Erinnere dich an dein bisheriges Leben. Es gab so viele Situationen, in denen du geglaubt hast, machtlos zu sein. Es gab so viele Situationen, in denen du dich machtlos gefühlt hast, eine für dich nicht mehr passende Situation zu ändern.

Fühle in dich hinein, lasse deine Erinnerungen in dein Bewusstsein kommen. Wie oft hast du mit dir gehadert und Chancen nicht ergriffen, die dir geboten wurden? Wie oft hast du aus Angst nicht das getan, was deine Seele dir geraten hat? Wie oft hast du deine Macht abgegeben und so verhindert, in deine Kraft zu kommen?

Es wird Zeit, die Energie wieder zurückzuholen. Es wird Zeit, wieder in die Kraft zu kommen.

Hast du Lust dazu? Bist du bereit?

Die kleine geheime Zutat, die du dazu brauchst, dich mit deiner Schöpfermacht wieder zu verbinden, ist: deine Absicht.

Anleitung

Ein Ritual, das klingt nach etwas Besonderem, aber ich möchte dich nicht verunsichern. Ich liebe Rituale, denn sie helfen uns dabei, all unsere Geisteskraft, unsere Schöpfermacht, alle unsere Energien auf einen Punkt zu konzentrieren.

Es gibt viele Menschen, die glauben, dass ein kompliziertes Ritual, eine bestimmte Einweihung oder eine bestimmte Person als Voraussetzung für eine erfolgreiche Reaktivierung der Schöpferkraft benötigt wird. Nun, ich habe einen anderen Glauben und bitte dich, diesen Glauben mit mir zu teilen – vielleicht nur für einen Moment.

Ich bitte dich nur darum, deine Absicht aus der Tiefe deines Herzens auszudrücken. Und ich bin mir sicher, dass du auf diese Weise wieder zu deiner Schöpferkraft findest. Unterschätze nicht deine Absicht. Sie ist wie ein Klang, der durch das Universum schwingt und alles vibrieren lässt, was mit ihm in Resonanz steht. Ein einzelner Satz, mit all deiner Absicht und deiner Geisteskraft erfüllt, reicht aus, um Universen zum Schwingen zu bringen.

Schreibe einen Brief an Gott, die Engel, dein höheres Selbst oder an DICH. Es ist nicht wichtig, an wen du dich wendest, denn alles ist eins. Nur der Inhalt des Briefes ist von Bedeutung.

Lasse dich von deinen Emotionen leiten, schaue dir dein Leben und deine scheinbare Machtlosigkeit genau an. Was, glaubst du, hält dich von deiner Schöpferkraft ab? Erkenne, woher deine Blockaden und Begrenzungen kommen. Spüre die Sehnsucht in dir, wieder eins mit dir selbst zu sein. Spüre den Wunsch in dir, dein göttliches Bewusstsein, deine Schöpferkraft wieder zu entfachen. Dann sprich deine Absicht aus, erzähle Gott von dieser Sehnsucht.

Das ist alles, was du tun musst. Glaube mir.

Wenn es dir lieber ist, einen Text in den Händen zu halten und ihn einfach vorzulesen, kannst du auch das tun. Ich gebe dir ein Beispiel dafür, wie du deine Absicht formulieren kannst.

Doch frage dich eins: Ist es nicht der erste Schritt in die eigene Schöpferkraft, wenn dein Ritual, deine Bitte an die geistige Lichtwelt von DIR selbst kommt? Du allein kennst dein Leben und deine Sehnsüchte. Gehe in dein Herz, und sprich all deine Sehnsucht aus.

Geliebter Gottvater, geliebte Gottmutter,

voller Sehnsucht spreche ich zu dir. So viele Jahre, so viele Leben habe ich hier auf der Erde verbracht. So lange Zeit war ich dem Spiel des Karmas ausgeliefert und habe ich meine wahre Natur vergessen. Ich habe geliebt, gelitten, geweint und mich gefreut. So viele Erfahrungen habe ich gemacht, doch jetzt ruft mein Herz, und es ruft meine Seele. Die Sehnsucht danach, mein wahres Ich zu erkennen, ist so groß geworden. Jeden Tag, den ich lebe, spüre ich, dass ein Teil von mir fehlt – und das bist du.

So oft fühle ich mich getrennt von dir, weil ich dich nicht in mir wahrnehmen kann. All meine Erfahrungen, meine Glaubensmuster und Strukturen, all meine Ängste und Trauer stehen scheinbar zwischen uns.

Heute, an diesem wunderbaren Tag, den du mir geschenkt hast, möchte ich dich um etwas bitten: Bitte, Gott, von ganzem Herzen, lasse mich erkennen, wer ich wirklich bin. Bitte, Gott, lüfte den Schleier, der über meinen Augen und über meinem Herzen liegt.

Ich habe immer geglaubt, etwas Geringeres zu sein, als du es bist. Ich habe geglaubt, es nicht wert zu sein, deine Liebe zu empfangen. Ich bitte dich, erlöse mich von diesen Glaubensmustern.

Ich bitte dich auch, löse die Ängste auf, die noch in mir sind. Lasse deine Gnade leuchten, lasse dein Licht auf mich wirken, sodass alle Ängste von mir abfallen. Ich brauche sie nicht mehr.

Alle Begrenzungen mögen jetzt fallen. Mit deiner Hilfe löse ich jede Blockade auf, die mich daran hindert, mein wahres Sein, meine wahre Schöpferkraft zu leben.

Nichts soll mich von dir und von mir selbst trennen. Bitte nimm meine Hand, und führe mich dorthin, wo ich dich finden kann. Führe mich zu mir selbst.

Ich danke dir, und ich liebe dich.

Lektionen zur Stärkung der Schöpferkraft

Bevor wir mit dem Erschaffen von Energien beginnen, gibt es noch zwei Übungen, die ich dir nahebringen möchte. Sie sind wichtige Werkzeuge und dienen der Schulung des Geistes. Dabei ist es wichtig, die Fokussierung auf den Verstand etwas zurückzunehmen. Das bedeutet aber nicht, dass du lernen musst, wie ein Yogi ohne Gedanken im Lotossitz auf einem Meditationskissen zu sitzen.

Es gibt viele Glaubensrichtungen, die den Verstand verteufeln und das Ego zerstören wollen. Ich habe aber noch nie jemanden getroffen, der sein Ego zerstört hat oder der keine Gedanken mehr hat. Natürlich ist das Verhältnis zwischen Verstand und Herz etwas aus dem Gleichgewicht geraten, und der Verstand hat viele Aufgaben übernommen, für die ursprünglich das Herz verantwortlich war. Doch wir können den Frieden nicht finden, wenn wir den Verstand anprangern und verurteilen.

Erlaube, dass dein Herz und dein Verstand miteinander verschmelzen. Nimm deinen Verstand in die Arme, und zeige ihm liebevoll den Weg, wie einem kleinen Kind, das manchmal etwas trotzig ist. Richte deine Aufmerksamkeit im Alltag auf dein Herz. Wenn du etwas liest, siehst oder hörst, egal was geschieht, erinnere dich immer wieder daran, in dein Herz hineinzufühlen. Höre auf das, was es dir zu sagen hat. Die Schöpferkraft sitzt auch in deinem Herzen, und diese Kraft spricht zu dir, unaufhörlich.

Dein Verstand will analysieren, er will denken, und das darf er auch. Du wirst sehen, wenn du die Übungen regelmäßig durchführst, kannst du dich besser konzentrieren. Du kannst auch besser visualisieren. Deine Gedanken werden klarer. Und allmählich beginnst du, mit dem Herzen zu »denken«.

Übung: Den Körper spüren

Nimm eine bequeme Haltung ein, und komme zur Ruhe. Es mag sein, dass du gerade jetzt viele Gedanken im Kopf hast. Vielleicht erinnerst du dich daran, dass du noch einkaufen wolltest, oder ein Termin fällt dir wieder ein. Das ist völlig in Ordnung, und diese Gedanken dürfen auch sein.

Verurteile dich nicht dafür, dass du gerade jetzt denkst, obwohl du entspannen willst.

Richte deine Aufmerksamkeit in deinen Körper. Ganz sanft ziehst du die Aufmerksamkeit in deinen Körper hinein. Viele Menschen haben einen Teil ihres Körperbewusstseins verloren. Sie haben Schwierigkeiten damit, ihren Körper als Gesamtheit zu fühlen. Wenn das auf dich zutrifft, dann beginne einfach mit einem Teil deines Körpers. Vielleicht nimmst du erst einmal die Hände oder die Füße wahr. Spüre in deine Hand hinein, und richte deine Aufmerksamkeit auf sie. Dies geschieht ganz natürlich und unverkrampft. Wenn du jetzt z. B. an deine Arbeit denkst, akzeptiere diese Gedanken, und spüre erneut in deine Hand hinein.

Gedanken sind immer da. Wenn du sie nicht haben willst, werden sie nur noch stärker. Stelle dir deine Gedanken wie viele Luftballons vor, die immer wieder in deinem Kopf auftauchen. Versuche, die Luftballons zu beobachten. So manches Mal wirst du dich an einem Luftballon festhalten und ein Stück mitschweben. Dann erkennst du, dass du dem Luftballon gar nicht folgen wolltest, und lässt ihn wieder los. Spüre einfach in deinen Körper hinein.

Wenn du dies eine Zeit lang geübt hast und du dich immer weniger mit den Luftballons auf die Reise machst, spürst du eine Wärme, ein Kribbeln oder ein Pulsieren. Dies geschieht automatisch, wenn du deine Aufmerksamkeit auf deinen Körper richtest. Spürst du die Lebenskraft in dir? Nimmst du die Schöpferkraft in dir wahr?

Du siehst, dass diese Übung ganz einfach ist. Aber sie bewirkt so viel. Es reicht völlig aus, diese Übung jeden Tag ein paar Minuten lang zu praktizieren. Vielleicht wirst du schon bald fähig sein, in deinen ganzen Körper hineinzufühlen. Die Energie, die du in dir spürst, hat viele Namen. Manche Menschen nennen sie Prana- oder Quantenenergie, andere Lichtenergie oder die Kraft der Gegenwart, und wieder andere nennen sie das göttliche Bewusstsein. Diese Kraft, wie auch immer du sie nennst, ist in dir. Sie ist ein Teil von dir und durch die Aufmerksamkeit auf den Körper kannst du dir diese Kraft bewusst machen.

Lichtvolle Bilder und Botschaften aus der Quelle allen Seins

»Wenn Kunst sich der Seele öffnet, kommt Inspiration aus neuen Quellen. Dann geben Bilder und Worte Kraft – und Wunder dürfen wieder in unser Leben!«

Sonja Ariel von Staden

Schirner Verlag

Sonja Ariel von Staden
Sternentore
Botschaften aus der Lichtquelle
248 Seiten, Klappenbroschur, vierfarbig
€ 19,95
ISBN 978-3-89767-923-8

36 farbige Karten mit Anleitung
ISBN 978-3-89767-947-4 • € 16,95

Das Porto übernehmen wir für Sie!

Alle Angaben werden vertraulich behandelt.
* Der Newsletter kann jederzeit abbestellt werden.

Name/Vorname: _____

Straße: _____

PLZ, Ort: _____

Telefon: _____

E-Mail: _____

Geburtsdatum: _____

Bitte senden Sie mir:

☐ weitere Informationen aus dem Schirner Verlag

☐ den Schirner Newsletter (nur als E-Mail*)

☐ das Schirner Seminarprogramm

Diese Karte entnahm ich dem Buch:

_____

Würden Sie dieses Buch weiterempfehlen?

_____

Vielen Dank!

Antwort

Schirner Verlag
Elisabethenstr. 20 – 22
D- 64283 Darmstadt

Übung: Visualisieren

Dein Ziel ist es, energetische Felder durch deine Schöpfer-kraft zu erschaffen, lebendige Formen zu kreieren, Objekte zu informieren und Heilung zu bewirken. Doch das wird ohne das bewusste und gezielte Visualisieren nicht funk-tionieren. Nehmen wir an, dass du einen Therapie-Teddy, so nenne ich meinen Teddybär, dazu aber später mehr, mit Lebensfreude energetisieren möchtest, weil ein guter Freund deprimiert und »ohn-mächtig« ist. Du möchtest vielleicht deinem Freund ein Objekt geben, das die Energie von Kraft und Freude ausstrahlt. Stelle dir dazu einmal die folgende Situation vor:

Du hast in den letzten Wochen deinen Geist geschult und gelernt, deine Aufmerksamkeit zu fokussieren und dei-ne Energie zu bündeln. Du spürst in deinen Körper hin-ein, kommst zur Ruhe und fühlst die Schöpferkraft in dir pulsieren. Du nimmst den Teddy in deine Hände und beginnst, das energetische Feld zu formen. Du visualisierst das Feld, siehst, wie es wächst und sich auflädt. Wie einen Tonkrug formst du das Feld, lässt es durch deine Hände real werden. Dann rufst du die Lebensfreude in dir ab, viele Male hast du sie gefühlt. Du speist das energetische Feld mit deiner Lebensfreude und erweckst das Feld zum Leben. Du spürst, wie das Feld lebt und pulsiert, wie es strahlt und die Energie deines Freundes anhebt.

Anleitung

Spüre zuerst ein paar Minuten lang in deinen Körper oder in einen Teil deines Körpers hinein, so, wie in der ersten Übung beschrieben. Nun wähle eine Form: einen Kreis, ein Dreieck oder ein Quadrat. Stelle dir die Formen vor deinem geistigen Auge vor. Versuche, diese Form so lange wie möglich vor deinem geistigen Auge zu sehen. Es ist völlig normal, dass dir andere Gedanken in den Sinn kommen oder dass sich die Form ändern möchte. Wenn dir auffällt, dass du mit deinen Gedanken abgeschweift bist, akzeptiere es einfach, und kehre zu deinem Bild zurück.

Übe das Visualisieren ein paar Tage lang, und du wirst feststellen, dass du mit der Zeit die Form sehr lange und einfach halten kannst. Vielleicht wird dir sogar »langweilig« dabei. Dann bist du bereit, deine Visualisierung zu erweitern.

Wähle dazu ein Objekt aus deinem Umfeld aus, das du visualisieren möchtest. Vielleicht ist es ein Apfel, ein Buch, eine Flasche oder eine Brille. Schaue dir dieses Objekt an, studiere es, und präge dir seine Form genau ein. Schließe die Augen, und rufe dir das Objekt ins Gedächtnis. Sieh es vor deinem geistigen Auge, und achte auch auf die kleinsten Einzelheiten. Versuche, es genau so in Farbe und Form vor deinem geistigen Auge zu sehen, wie es in der Realität aussieht.

Übe das wieder so lange, bis du das Visualisieren deines Objekts beherrschst. Erweitere dann die Übung erneut, und wähle dieses Mal den menschlichen Körper.

Stelle dir deinen Partner vor, oder rufe dir das Gesicht deiner Mutter ins Gedächtnis. Wähle irgendeinen Menschen aus, den du öfter siehst. Visualisiere die Form seines Körpers, sein Aussehen, seine Haarfarbe, seine Mimik, schaue dir alles genau in deinem Geiste an.

Die Energetisierung von Objekten erhält ihre Kraft auch dadurch, dass du deine Geisteskraft fokussieren kannst. Dies bedarf einiger Konzentration, aber du kannst es schaffen. Es bedarf einiger Übung und Disziplin.

Noch ein kleiner Hinweis am Rande:
Es gibt viele Menschen, die von sich behaupten, nicht visualisieren zu können. Vor ein paar Jahren dachte auch ich das noch von mir. Doch mir wurde klar, dass wir alle ständig visualisieren. Jeder Mensch tut es, wenn er träumt: am Tage und auch nachts. Wir sind nur nicht darin geschult, es bewusst zu tun – das ist alles! Jeder kann also visualisieren – auch du.

Objekte der Kraft –
Die Anwendung deiner
Schöpferkraft

Nun sind wir endlich im Praxisteil des Buches angelangt. Zu jeder Praxis gehört auch ein bisschen Theorie. Die vorangegangenen Übungen werden dir dabei helfen, deine Schöpferkraft bewusster wahrzunehmen und sie gezielt zu lenken. Es gibt unendlich viele Möglichkeit, deine Schöpferkraft zum Ausdruck zu bringen. Jeder Gedanke kann mit dieser Schöpferkraft erfüllt und belebt werden. Ich werde dir im Weiteren nur ein paar Beispiele für die Anwendung deiner Schöpferkraft zeigen:

- Herstellung von Energiesprays, Energieölen und Essenzen
- Energetisierung von Wasser
- Energetisierung von Steinen, Objekten oder Schmuck
- Erschaffung deines persönlichen Kraftplatzes zu Hause
- Erschaffung von Heilkristallen
- Erschaffung eines »Therapie-Teddys«
- Fernübertragung von Energien auf andere

Objekte der Kraft dienen uns als Hilfsmittel, um in unsere Kraft zu kommen. Und sie dienen uns dazu, anderen die Hilfe und Heilung zukommen zu lassen, die gebraucht wird. Wenn du in deine Kraft gefunden hast, ist die Anwendung deiner Schöpferkraft unendlich. Das Einzige, was von Bedeutung ist, ist dein Glaube an dich selbst.

Energetische Felder

Jedes Teil, jedes Atom, jedes Wesen besitzt sein eigenes energetisches Feld. Alles, was ist, besteht aus Energie – Energie, die schwingt, leuchtet und Informationen austauscht. Es gibt keine Ausnahme, denn alles hat seine »Aura«.

Doch unser Einfluss auf diese Felder wird noch immer unterschätzt. Wir glauben daran, keinen Einfluss zu haben, doch die Wirklichkeit zeigt uns, dass wir als Teil Gottes fähig sind, Energien zu erschaffen und zu wandeln. Das Einzige, was uns daran hindert, sind wir selbst. In der Geschichte der Menschheit gab es immer wieder einzelne Menschen, die zu Erstaunlichem fähig waren, große Propheten, Heilige und auch völlig »normale« Menschen, die die Macht besaßen, Materie umzuwandeln oder Heilung zu schenken. Alle diese Menschen haben uns immer wieder darauf hingewiesen, dass auch wir zu dem fähig sind, was sie getan haben.

Das, was wir Wunder nennen, ist nicht das Werk eines Einzelnen, eines Besonderen, sondern diese Kraft existiert in jedem von uns. Gott ist in jedem von uns. Es gilt nur, dieses Göttliche zu erkennen und zu erlauben, dass es uns voll und ganz ausfüllt.

Wir alle haben Einfluss auf das energetische Feld eines jeden Wesens und Objekts. Dies kann gar nicht anders sein, weil sich diese Felder ständig untereinander austauschen und miteinander kommunizieren. Mit unserer Geisteskraft nehmen wir bewusst Einfluss und wandeln die Informationen im Feld, sodass sie uns und anderen dienen können.

Nehmen wir als Beispiel ein Energiespray:

Jede einzelne Komponente eines Energiesprays besitzt seine eigene Energie, der Alkohol, der allerdings ohne die Energetisierung eher einen schädlichen Einfluss auf unsere Aura hat, das Wasser und die ätherischen Öle. Die Energien dieser Substanzen vermischen sich und erzeugen zusammen ein Energiefeld. Dieses Feld informieren wir neu und geben feinstoffliche Energien in die Flüssigkeit. Jeder Ton, jedes Symbol, jedes Wort, jeder Gedanke, jedes Gefühl und jede Energie verändert das Energiefeld.

Wenn wir dann unser Energiespray benutzen, verteilen wir diese Energie in unserer Aura und in unserer Umgebung. Ein Energieaustausch findet statt, die Felder kommunizieren miteinander und verändern sich.

Alles hat sein Feld

Um Objekte der Kraft zu erschaffen, brauchen wir nur ein energetisches Feld, das wir verwandeln. Und alles, was ist, hat sein eigenes energetisches Feld. Das betrifft auch Schmuck, Kuscheltiere, Statuen, Bilder, Bücher – alles, was existiert, strahlt dieses Energiefeld aus. Für uns Menschen sieht ein Stein oder eine Statue eher wie »tote« Materie aus, doch unsere Augen haben verlernt, die Energie zu sehen, die Objekte ausstrahlen. Oft sind die Felder dieser Objekte ohne unseren bewussten Eingriff sehr schwach und kaum wahrnehmbar. Dennoch existieren sie, und wir können sie verändern.

Wenn wir einen Stein in die Hände nehmen oder unsere Hände auf eine Statue legen, beginnt sofort ein Energieaustausch. Der Austausch beginnt sogar schon vor der Berührung, weil unsere Absicht das Feld eines Objekts vorher erreicht. Jede Information, jeder Gedanke, jedes Gefühl und jede Energie, die wir in das Informationsfeld oder energetische Feld eines Objektes fließen lassen, wird gespeichert. Diese Energien durchziehen und umhüllen das Feld wie Wellen voller Farben. Aufgrund der unterschiedlichen Beschaffenheit bewegt sich die Energie – dies gleicht einem Tanz. Schade, dass so viele Menschen verlernt haben, diesen Tanz zu sehen.

Im Folgenden zeige ich dir einen Weg, wie du energetische Felder wieder gezielt wahrnehmen kannst. Das muss nicht heißen, dass du sie unbedingt sehen musst. Bei jedem Menschen sind ein oder mehrere Sinne stärker ausgeprägt als andere. Der eine mag weniger sehen, er ist aber »hellhörig«.

Ein anderer sieht Energien viel schneller, spürt sie aber weniger. Das ist bei jedem Menschen anders, denn jeder erhält genau die Werkzeuge, die er für seinen Weg braucht.

Übung: Die Aura von Objekten und Wesen wahrnehmen

Wir alle sehen die Aura oder das energetische Feld von Objekten oder Wesen. Ich vermute, dass das Gehirn irgendwie die Aura aus unserer Wahrnehmung löscht und wir aus diesem Grund die Aura nicht mehr bewusst sehen können.

Vor neun Jahren habe ich im Rahmen einer Ausbildung in energetischen Heilweisen zum ersten Mal die Aura von Menschen gesehen. Die Energie an dem Tag war unglaublich stark, und plötzlich tauchten farbige Felder um die Menschen auf. Diese Felder haben sich ständig verändert. Zuerst hat mir das Angst gemacht, weil ich bis zu dieser Zeit Energien nicht sehen konnte. Doch dann gewann ich Freude daran und schaute mir diese Felder öfter an. Als mir bewusst wurde, dass es sich um die Aura von Menschen und Objekten handelte, wurde mir auch klar, dass ich sie schon die ganze Zeit hatte sehen können. Im Gespräch mit anderen stellte sich heraus, dass viele Menschen diese Felder sehen können, ihre Wahrnehmungen aber bisher auf eine trockene Netzhaut oder eine Augenstörung geschoben hatten.

Wenn ich meinen Blick auf irgendetwas fokussiert hatte, hatte ich schon immer diese Felder um alles gesehen. Sie waren überall, jedes Objekt, selbst ein Bild an der Wand, strahlte dieses Feld aus. Allerdings verstand ich dieses Feld erst richtig, als ich an diesem Tag vor neun Jahren plötzlich die Aura der Menschen ganz real sehen konnte. Da wusste ich, dass eine Aura wirklich existiert. Kommt dir das vielleicht bekannt vor?

Das energetische Feld eines Objektes oder eines Menschen zu sehen ist sehr einfach. Das Einzige, was du tun musst, ist deine Augen auf jemanden oder etwas zu richten und dann durch das Objekt zu schauen. Manchmal ist es auch ratsam, den Blick ein paar Zentimeter neben den Menschen zu fokussieren. Du starrst also das Objekt an und schaust einfach durch es hindurch. Instinktiv wirst du deine Augenlider etwas schließen und deinen Blick fokussieren. Dann taucht ein Feld auf. Wahrscheinlich hat es am Anfang keine Farbe, sondern leuchtet einfach weiß bis gräulich. Dieses Feld bewegt sich, es vibriert und verändert seine Form.

So einfach ist das. Du hast gerade das erste Mal ganz bewusst eine Aura gesehen.

Ein kleiner Tipp:
Am einfachsten ist es, wenn du Objekte betrachtest, die sich vor einer weißen Wand befinden.

Übung: Die Aura ertasten

Am besten ist es, wenn du mit deiner eigenen Aura beginnst. Setze dich bequem hin, und halte deine Hände vor deinen Körper, so, wie beim Klatschen. Vergrößere den Abstand zwischen deinen Händen auf ungefähr 20 cm. Du wirst merken, dass deine Handflächen wärmer werden und anfangen zu kribbeln, wenn sich die Hände wieder einander nähern. Was du spürst, ist meist dein ätherischer Körper, ein Teil deiner Aura.

Habe nun die Absicht, ein energetisches Feld zwischen deinen Händen aufzubauen. Du kannst zum Beispiel eine Energiekugel erschaffen, und du bittest Erzengel Raphael darum, diese Kugel mit grünem Licht der Heilung zu erfüllen. Deine Absicht reicht schon aus, damit deine Handflächen stärker kribbeln und sich das Feld zwischen deinen Händen weitet.

Spiele jetzt ein bisschen mit deiner Energiekugel. Nähere dich mit deinen Händen der Kugel, und entferne dich anschließend wieder. Taste die Kugel mit deinen Händen ab, und nimm wahr, wie sie ihre Form und ihre Energie mit deiner Absicht verändert. Nutze diese Kugel dafür, dir oder einem anderen Menschen etwas Gutes zu tun. Lasse sie einfach in deinen Körper hineingleiten.

Wenn du diese Übung gemacht hast, hast du ein Gefühl für energetische Felder bekommen. Du wirst vielleicht darüber überrascht sein, wie einfach du die Energie spüren kannst. Diese Übung ist eine hervorragende Möglichkeit, in deine

Einheit zu kommen und zu meditieren. Dein Geist beruhigt sich dabei automatisch.

Wähle auch andere Objekte aus, mit denen du diese Übung machst. Du wirst schnell die energetischen Unterschiede der verschiedenen Objekte wahrnehmen. Mit dieser Übung schulst du auch deine Intuition, weil du dich für energetische Felder öffnest. Wundere dich also nicht, wenn du nach einer gewissen Zeit beginnst, Objekte zu erspüren, bevor du sie überhaupt in den Händen hältst. Du wirst intuitiv spüren, welches Gemüse zum Beispiel gerade deinem Körper guttut oder welcher Heilstein dich am meisten unterstützen kann.

Felder klären

Bevor wir anfangen, geeignete Objekte zu energetisieren, ist es wichtig, dass wir die existierenden Felder klären und transformieren. Zwar wird höher schwingende Energie immer die niedriger schwingende Energie umwandeln, dennoch lassen sich Objekte einfacher energetisieren oder informieren, wenn die alten Informationen vorher gelöscht wurden. Übrigens haben alle Menschen und Objekte eine Art Grundenergiefeld. Durch die Energetisierung oder Reinigung des Objektes wird dieses Feld nicht verändert, und die Grundschwingung bleibt immer erhalten.

Es gibt Objekte, bei denen eine Reinigung notwendiger ist als bei anderen. Wenn du ein Objekt energetisieren willst, das z.B. durch viele Hände gegangen ist oder sehr alt ist, dann ist eine Reinigung natürlich ratsam. Bei der Informierung von Wasser ist in der Regel keine Reinigung vonnöten. Wasser nimmt sehr schnell die Energien auf, die du einfließen lässt, und reinigt sich gleich mit. Das Beste ist und bleibt allerdings, sich bewusst mit jedem Objekt zu verbinden und zu erfühlen, wie stark es energetisch belastet ist.

Für die Reinigung eines energetischen Feldes reicht ebenfalls deine Absicht aus:

- Hülle das Objekt in Licht ein, und sieh, wie alte Energien einfach von dem Objekt abfließen.
- Stelle das Objekt in die Sonne, und lasse jegliche alte, dir nicht dienliche Energie von der Sonnenkraft transformieren.
- Reinige es unter Wasser, und sieh auch hier, wie die Energien einfach mit dem Wasser ablaufen.
- Bitte Saint Germain und die Violette Flamme der Transformation darum, die Energien zu reinigen. Hülle das Objekt in violettes Licht.

Wenn es deine Absicht ist, ein Feld zu reinigen, dann reinigt es sich auch.

Möglichkeiten der Energetisierung

Ich möchte dir nun die verschiedenen Möglichkeiten zur Energetisierung und Informierung von Objekten zeigen. Wir begrenzen uns dabei nicht allein auf unsere Schöpferkraft, sondern nutzen auch schon bestehende Energien. Jeder Mensch hat seine ganz eigene Methode, um Informationen zu übertragen. Vertraue deiner Intuition, spiele und experimentiere. Beschränke dich nicht. Ich zeige dir hier ein paar meiner Methoden und hoffe, dass du dich inspiriert fühlst und daraus schöpfen kannst.

Energie von Engeln oder Aufgestiegenen Meistern

Im Fachhandel und im Internet erhält man viele Energiesprays, Essenzen, Symbole und Steine mit Energien von geistigen Wesen, wie z.B. Engeln oder Aufgestiegenen Meistern. Wir alle sehnen uns danach, ein Stück Himmel auf die Erde holen zu können. Die Aufgestiegenen Meister scheinen uns einen Schritt voraus zu sein, denn sie haben die eigene Bemeisterung schon hinter sich gebracht. Und die Engel sind nichtinkarnierte Wesen Gottes, die uns schon seit Jahrtausenden auf der Erde begeistern. Natürlich tun sie das, sie sind die pure Liebe. Jeder Kontakt mit ihnen erfüllt uns mit der Liebe und Leichtigkeit und mit dem Licht, das wir in unserem Erdendasein oft vergessen. Die geistigen Wesen freuen sich, wenn wir mit ihnen zusammenarbeiten möchten. Wenn wir sie darum bitten, an ihrer Energie teilhaben zu dürfen, ist das immer auch eine Rückverbindung mit dem Licht, aus dem wir kommen.

Wenn du dich dafür entschieden hast, deine Objekte mit der Energie eines bestimmten Geistwesens (Engel, Meister, Feen, Elfen, Krafttiere etc.) aufzuladen, musst du nur bitten und vertrauen.

Bitte darum, dass deine Hände zu ihren Händen werden. Verbinde dich mit dem Geistwesen, und lasse sein Sein, seine Liebe und Energie einfach in das Objekt, das du energetisieren willst, hineinfließen. Das klingt einfach, und so ist es auch. Vielleicht fällt es dir am Anfang schwer, die Energie genau zu spüren. Doch auch das ist völlig normal.

Zuerst spürst du vielleicht nur eine leichte Wärme und ein Kribbeln. Doch mit der Zeit und dem wachsenden Vertrauen in dich selbst wirst du die Energien und Geistwesen immer feiner wahrnehmen.

Symbole

Ein Symbol ist ein Speicher einer bestimmten Information oder Energie. Im alltäglichen Leben lassen sich Tausende Symbole finden, deren Bedeutung wir genau kennen. Nimm zum Beispiel ein gemaltes Herz. Dieses Symbol wird von jedem Menschen als Ausdruck für Liebe verstanden und erzeugt beim Betrachten sogar dieses Gefühl in uns. Das Yin-und-Yang-Zeichen offenbart uns die Weiblichkeit und Männlichkeit, das Licht und die Dunkelheit in einem. Oder was ist mit dem bekannten Smiley? Sie alle wurden erschaffen, um uns eine tiefere und weitaus größere Information mitzuteilen, die ein jeder versteht.

Die Informationen, die die Symbole ausstrahlen, lassen sich hervorragend zur Energetisierung nutzen. Das trifft besonders auf die sogenannten Energiesymbole zu. Im Fachhandel gibt es eine Vielzahl von Symbolkarten mit z. B. Engelsymbolen, Aufstiegssymbolen, Symbolen der Aufgestiegenen Meister oder auch kosmische Symbolkarten*, Engelkarten, Affirmationskarten, Karten mit Sanjeevinis, Körbler-Zeichen oder auch Larimar-, Ingmar- und Atlantiskarten oder Karten mit der Blume des Lebens und vielen anderen Kraftsymbolen. Viele Symbole sind wirklich sehr kraftvoll. Sie sind uns auch gegeben worden, um genau ihre Energie zu nutzen.

Andere Arten von Symbolen sind Energiebilder. Viele Menschen öffnen sich mehr und mehr für die Energien aus den anderen Reichen und kanalisieren die Energie über ihre Bilder. So wie es Menschen gibt, die Worte, Heilung und Botschaften über Sprache und Schrift weitergeben, so gibt es andere, die dies über ein Bild machen. Auf diese Weise entstehen wunderschöne Mandalas oder kraftvolle Engelbilder. Sie alle sind eine Quelle von Energie, und wir können diese Energie nutzen.

---

* Kosmische Symbole zum Ausdrucken findest du auf den Internetseiten www.jaa.at, www.paranormal.de.

Edelsteine

Viele Menschen sind besonders stark mit dem Reich der Mineralien verbunden und nutzen die Heilkraft der Steine in ihrem alltäglichen Leben. Obwohl das Wissen über die Wirkung der Edelsteine Jahrtausende alt ist und viele Heiler sie seit jeher auch zur Heilung einsetzen, beruht die Heilkraft der Steine für viele Menschen immer noch allein auf dem Glauben. Doch jeder Edelstein strahlt eine ganz spezifische Schwingung aus, wirkt auf unsere Aura und birgt eine ganz eigene Heilkraft in sich.

Wenn du einen passenden Stein für dich kaufen möchtest, höre einfach auf dein Gefühl, und lasse dich leiten. Ein Stein wird dir besonders auffallen, er wird eine besondere Farbe haben, die dich anspricht – dieser Stein »leuchtet« sozusagen. Frage den Verkäufer, oder schlage die Bedeutung des Steines in einem Buch nach, und du wirst erstaunt sein, wie sehr der Edelstein zu dir passt. Bevor du einen Stein zur Energetisierung nutzt, kannst du ihn von alten Energien reinigen.

Klang

Ein Klang ist eine hörbar gewordene Schwingung und ein wunderbares Instrument der Heilung. Nicht umsonst reagieren wir Menschen so stark auf Gesang oder auf Klänge von Klangschalen oder Trommeln. Die Schwingung wirkt sofort auf unsere Aura, und über unsere Haut und unsere Ohren nehmen wir die Schwingung körperlich wahr.

Wenn du möchtest, kannst du einen Ton in dir erzeugen und ihn zum Beispiel in eine Energieessenz einfließen lassen. Lasse deinen eigenen Heilton erklingen. Singe ihn einfach, lasse ihn aus dir fließen. Auch der Ton einer Klangschale oder eines anderen Klanginstruments kann bei der Herstellung von Kraftobjekten eine Hilfe dabei sein, uns selbst wieder in den Ein-Klang zu bringen.

Affirmationen

Auch wenn Worte nicht immer das beste Kommunikationsmittel sind, so ist dieses für uns Menschen doch am greifbarsten. Die Bedeutung von Worten verstehen wir sofort. In den letzten Jahren haben wir erkannt, wie wichtig Affirmationen für unser Leben sind und welche starken Auswirkungen sie auf uns haben, im positiven, wie auch im negativen Sinne. Affirmationen helfen uns dabei, Glaubensmuster in uns zu wandeln und uns neu zu programmieren. Positive Affirmationen eignen sich hervorragend, um ein energetisches Feld zu informieren, besonders praktisch sind sie beim Energetisieren von Wasser.

Wenn du Affirmationen für dich selbst nutzen möchtest, dann beginne deine Affirmation immer mit den Worten »Ich bin« oder »Es ist«. Wenn du das »Ich bin« aussprichst, bist du automatisch in deiner Schöpfergegenwart, und der Prozess des Erschaffens beginnt sofort. Spüre einmal den Unterschied:

Sage dir: »Harmonie erfüllt mein Leben.« Spüre hinein in die Energie.

Sage anschließend: »ICH BIN Harmonie!«

Spürst du den Unterschied?

Heilgebete

Das Gebet ist unser ältestes und am meisten angewendetes Ritual, um uns an Gott oder die geistige Lichtwelt zu wenden. Für viele Menschen ist der Gedanke, zu beten, eher abstoßend. Das liegt vor allem daran, dass religiöse Institutionen das Gebet für sich und ihre Wahrheit beansprucht haben.Die Mehrzahl der Menschen bittet ehrfürchtig bei Gott um etwas. Millionen von Bittgesprächen werden jeden Tag geführt. Wir bitten Gott um alles und jedes. Solch ein Bittgebet entsteht aber meist aus dem Mangel und der Ohnmacht heraus. Wirkungsvoller wird ein Gebet, wenn wir das Gebet im Wissen um die bereits geschehene Erfüllung aussprechen. Wir danken Gott bzw. der Bezeichnung für Gott, die sich für uns gut anfühlt, für die Erfüllung unserer Bitte.

Erinnerst du dich an das Beispiel des Freundes, der keinen Lebensmut verspürt? Du möchtest ihm ein Energiespray zum Geschenk machen und energetisierst es mit einem Heilgebet.
Fühle jetzt einmal den Unterschied. Eine Bitte entsteht aus dem Glauben an einen Mangel und wird somit begleitet von Trauer, Mitleid und Ohnmacht.

»Bitte, lieber Gott, mein Freund ist in Not. Bitte hilf ihm, wieder in die Lebensfreude zu kommen. Hilf ihm, seinen Mut wiederzufinden.«

Du wirst merken, dass nur wenig Energie mit einem eher bedrückenden Gefühl fließt. Fühle genau in dich hinein. Spürst du eine Wirkung? Spürst du eine Veränderung? Spürst du so etwas wie Lebensmut?

Nun probiere Folgendes aus, in dem Wissen, dass für deinen Freund gesorgt wird.

»Gott, ich danke dir, dass du meinen Freund in die Erkenntnis führst. Ich danke dir, dass dein Licht tief in sein Innerstes scheint, so, dass er die Ursache seines mangelnden Mutes erfährt. Dein versorgendes Herz, deine ermutigende Liebe hüllt ihn ein und lässt ihn erkennen, wer er wirklich ist. Dafür danke ich dir!«

Spürst du ein Lächeln auf deinen Lippen? Spürst du die Wärme in deinem Herzen? Spürst du dein Vertrauen?

Positive Gefühle

Die Schöpferkraft wird durch Gefühle in einem für uns unvorstellbaren Maß verstärkt. Das trifft im Positiven wie im Negativen zu. Gefühle sind der Motor, die treibende Kraft. Die Energie, die ein Gefühl ausstrahlt, ist um ein Vielfaches stärker als ein Gedanke alleine. Die Schöpfung lebt von Gefühlen. Mit positiven Gefühlen energetische Felder zu erschaffen, ist sehr einfach und wirkungsvoll. Einfach ist es, weil jeder Mensch in seinen Inkarnationen die verschiedensten Facetten der Gefühle kennengelernt hat. Wir wissen, wie sich Trauer oder Freude anfühlt. Wir kennen das Gefühl, vor Kraft Bäume ausreißen zu können oder vor Liebe jeden Menschen umarmen zu wollen. Diese Gefühle sind in uns allen, und wir können sie herbeirufen, weil wir die Gefühle schon einmal erfahren haben und sie in unserem Emotionalkörper gespeichert sind.

Jeder von uns macht in seinem Leben die Erfahrung von mangelnder Freude, denn unser Leben unterliegt natürlichen Schwankungen. Es gibt immer Ereignisse, die uns verletzen, und Enttäuschungen, die wir erfahren, und auch Menschen, die wir scheinbar verlieren – wir erschaffen unser Leben so, denn es dient unserem Wachstum, unserer Erinnerung und gibt uns Möglichkeiten, die Göttlichkeit in uns zu erfahren. Manchmal geschieht dies auf schmerzhafte Weise, auch hier gilt, dass unsere Reaktionen auf Situationen erst das Problem verursachen. Unsere Beurteilungen, unsere Glaubensmuster machen die Situationen erst zu etwas Gutem oder etwas Schlechtem. Wenn wir erst einmal in einer Bewertung gefangen sind, fällt es uns oft nicht leicht, dort auch wieder herauszukommen. Wir erfahren eine schwere Situation, und sofort nehmen wir alles andere auch als düster und traurig wahr.

Wenn wir mit einem energetischen Feld, das Informationen von positiven Gefühlen enthält, in Berührung kommen, verändern sich langsam die Gedanken und somit auch die Gefühle. Die Energie »färbt ab«, die Aura lichtet sich und wird leichter.

Anleitung zur Erzeugung positiver Gefühle

Spüre in dich hinein, welches Gefühl du in dein Objekt der Kraft einfließen lassen möchtest. Komme zur Ruhe, und konzentriere dich auf dein Herzenszentrum. Rufe eine Erinnerung in dir ab, eine Zeit oder eine Situation, in der du das gewünschte Gefühl gespürt hast. Erinnere dich, wann du das letzte Mal so richtig glücklich und voller Freude warst. Tauche dann in die Erinnerung ein, immer tiefer und tiefer. Erlaube diesem wunderbaren Gefühl, deinen ganzen Körper auszufüllen. Spüre, wie jede Zelle deines

Körpers vor Freude vibriert. Dann nimm das Objekt der Kraft, das du dir für die Energetisierung ausgewählt hast, und lasse dein positives Gefühl in das Objekt fließen.

Dies sind die wichtigsten Energiequellen, die du für deine Objekte der Kraft nutzen kannst. Ich möchte dich bitten, deine Quellen nicht zu beschränken. Jeder Mensch hat seine ganz eigene Kraftquelle und kann diese für die Objekte nutzen. Es gibt Menschen, die stark mit Farben verbunden sind und deren Wirkung ganz gezielt einsetzen. Farbtherapien haben vielen Menschen geholfen. Besonders die Wirkung der Farben auf die Psyche und die Emotionen des Menschen sind unbestritten. Diese Energien kann man natürlich auch für die Objekte der Kraft nutzen, hierfür eignen sich Steine oder Energiesprays, Öle und Essenzen besonders gut.

Andere haben vielleicht eine Ausbildung in energetischen Heilweisen, wie z.B. Reiki. Auch hier gilt es, diese Quelle der Kraft zu nutzen und die Heilenergie in die Objekte fließen zu lassen.

Es gibt Blütenessenzen wie die Bachblüten. Dr. Edward Bach war ein sehr tiefgründiger, liebevoller und spiritueller

Mensch. Ich sehe in ihm Anteile eines Aufgestiegenen Meisters, und vielleicht wollte er uns diese Bachblütenessenzen schenken, damit wir in unsere Kraft kommen können. Auch sie und andere Essenzen können zur Energetisierung genutzt werden, doch wir sollten uns auch hier von unserer Intuition leiten lassen.

Ich gehöre zu den Menschen, die mit dem Pflanzenreich stark verbunden sind. Ich übertrage oft Energien von Pflanzen auf z. B. Energiesprays und stelle auch Pflanzenessenzen her.

Du siehst, dass die Quellen unbegrenzt sind. Begrenzt sind oft nur unser Verstand und der Glaube an uns selbst.

Übertragung

Es gibt viele Möglichkeiten, die Energien auf dein Objekt der Kraft zu übertragen. Denke einfach daran, dass es sich »nur« um Informationen, »nur« um Energien handelt. Es sind Energien, die du mithilfe deiner Geisteskraft ganz einfach übertragen kannst. Deine Geisteskraft kennt keine Grenzen. Die einzige Begrenzung, die es für sie gibt, sind du selbst und dein Zweifel.

Übertragung durch die Geisteskraft

Lege ein Symbol unter ein Glas Wasser, und visualisiere, wie sich die Energie des Symbols auf das Wasser überträgt. Das funktioniert natürlich auch mit anderen Energiequellen. Visualisiere, wie ein Heilstein seine Kraft auf das Wasser oder das Öl überträgt. Sieh, wie ein goldener Strahl von Christus deinen Therapie-Teddy einhüllt und durchdringt. Spiele mit den Energien, und lasse sie durch deine Geisteskraft tanzen.

Übertragung durch deine Hände

Die Übertragung von Energien durch deine Hände hat gerade zu Beginn der Arbeit mit Energien Vorteile: Du spürst die Energien durch deine Hände fließen, und das stärkt dein Vertrauen in dich selbst.

Lege deine Hände auf ein Objekt, das du energetisieren möchtest. Lasse die Energien, die Affirmationen, die du einfach aussprichst, und die Informationen in das energetische Feld des Objektes einfließen.

Übertragung durch Zettel

Aus der »Neuen Homöopathie« stammt diese Übertragungsart: Nimm einen Zettel mit der Information in die linke Hand und das Objekt oder die Flüssigkeit, die die Energie empfangen soll, in die rechte. Lasse nun einfach die Energie von der linken in die rechte Hand fließen.

Übertragungskarten

Es gibt zwei Übertragungskarten, die du dir kostenfrei über das Internet ausdrucken kannst und die auch ich zur Übertragung verwende.

Diese Übertragungskarten sind:

Die Sanjeevini-Übertragungskarten
Sanjeevini ist ein indisches Heilsystem, das 250 Symbole nutzt. In diesen Symbolen sind bestimmte Heilfrequenzen gespeichert, die Körper, Geist und Seele unterstützen.

Die Übertragungskarten von Ingrid Auer
Ingrid Auer ist eine Mittlerin zwischen den Engelwelten und den irdischen Welten. Sie channelt und verbreitet Engelsymbole, die uns auf unserem spirituellen Weg begleiten.

Beide Übertragungskarten unterstützen uns auf einfache Weise dabei, Energien von einer Quelle zu einem Objekt fließen zu lassen. Diese Übertragungskarten eignen sich auch hervorragend für Fernübertragungen. Die Verwendung der Karten erkläre ich dir auf der Seite 102 f.

Ein kleiner Tipp:
Bei den Sanjeevini-Symbolen gibt es auch ein Symbol zur Neutralisierung von Energien, das sehr wirkungsvoll ist.

Wie lange hält die Energie?

Ich werde oft gefragt, wie lange energetisierte Objekte denn »halten«. Tatsächlich gibt es Unterschiede, was die »Haltbarkeit« der erschaffenen Kraftobjekte betrifft. Der Unterschied liegt in der Ebene, auf der das Feld erschaffen wurde.

Mit den Gedanken erschaffene Energien, z. B. durch Visualisierung, verändern sich leichter, wenn sie in Kontakt mit anderen Energien kommen. Aus dem Herzen erschaffene Felder halten wesentlich länger, denn Emotionen sind stärker und erhalten länger ihre Schwingung.

Bei kosmischen Energien erneuert sich die Energie ständig. Doch dieser Erneuerungsprozess ist nicht wirklich greifbar. Bei Objekten, die mit der Unterstützung der geistigen Welt erschaffen werden, fließt die Energie unaufhörlich. Das so erschaffene, energetische Feld ist selbst die Quelle geworden.

Doch obwohl es bei diesen Objekten der Kraft so etwas wie ein Verfallsdatum gibt, ist es nicht wirklich von Bedeutung. Jedes erschaffene Objekt wird seine Information für einige Monate behalten, und im Normalfall verändern wir immer wieder die Energie und passen sie an. Höre auf dein Gefühl, wie lange die Energie in dem Objekt hält oder wie lange du diese Energie überhaupt benötigst. Du kannst das natürlich auch kinesiologisch oder mit einem Pendel austesten.

Noch ein kleiner Tipp:
Wenn du das Gefühl hast, dass du deine Kraftobjekte energetisch stabilisieren willst, kannst du sie versiegeln. Bei einem Energiespray kannst du beispielsweise vom Boden der Flasche eine energetische Wand kreisförmig nach oben ziehen. So ist das Spray wie in einer Hülle geschützt. Das Gleiche gilt natürlich auch für jedes andere Objekt. Erschaffe einfach eine Hülle, oder festige die Wände des energetischen Feldes. Deine Absicht ist hierbei entscheidend.

Die Objekte der Kraft

Energiesprays, Öle und Essenzen

Ich halte Energiesprays und Essenzen für tolle Hilfsmittel auf dem spirituellen Weg. Sie vereinfachen vieles. Wir Menschen sind lebendige Energiefelder, und in uns gibt es so viele Abläufe, die wir wohl niemals ganz verstehen werden. Wir sind empfänglich für Energien, die einen mehr, die anderen weniger. Ständig stehen wir im Energieaustausch mit anderen Menschen. Es gibt Tage, an denen fühlen wir uns schwach und wissen gar nicht genau, warum. An diesen Tagen sind unsere Energiereserven nicht wieder vollständig »aufgeladen«. An anderen Tagen sind wir vielleicht traurig. Dann kann es sein, dass sich alte Energien in uns lösen oder Zellerinnerungen uns auf etwas aufmerksam machen wollen. Manchmal brauchen wir Mut, ein anderes Mal Trost oder Klarheit, oder wir wollen uns einfach nur mit Licht auftanken. In Energiesprays und Essenzen können wir jegliche Energie oder Informationen einfließen lassen, die wir benötigen.

Wenn wir das Energiespray in unsere Aura sprühen, laden wir uns mit dieser Energie auf. Die Aura verändert sich sofort, und unsere feinstofflichen Körper nehmen die Energie auf und verarbeiten sie. Die Information wird auch an unseren physischen Körper weitergeleitet, denn alle Körper sind miteinander verwoben. Es gibt keine Be- oder Ausgrenzung.

Die Herstellung eines Energiesprays, eines Energieöls oder einer Essenz ist sehr einfach. Das eigene Energiespray hat einen entscheidenden Vorteil gegenüber den Essenzen aus dem Fachhandel. Es ist genau auf dich abgestimmt. Im Folgenden zeige ich dir, wie du solche Sprays, Essenzen und Öle selbst herstellen kannst.

Herstellung von Energiesprays

Du brauchst:
- etwas Alkohol (Weingeist)
- Wasser (ideal ist destilliertes oder gefiltertes Wasser)
- ätherische Öle
- Braun- oder Blauglasflaschen mit einem Sprühkopf

Ätherische Öle lösen sich nicht gut in Wasser, aber in Alkohol. Außerdem verwenden wir Alkohol, weil er das Energiespray konserviert. Allerdings brauchst du nicht viel davon, 10–20% Prozent der Gesamtflüssigkeit reichen aus.

Verwende für die Herstellung ätherische Öle, weil sie einen natürlichen Duft in das Spray einbringen. Zudem trägt jedes Aromaöl, vorausgesetzt es ist hundertprozentig naturrein, die Heilenergie einer Pflanze in sich und wirkt so ebenfalls auf unsere Aura und unseren Körper.

Gib zuerst den Alkohol in die Flasche und anschließend ein paar Tropfen ätherische Öle hinein. Die Anzahl der Tropfen richtet sich natürlich danach, wie intensiv das Spray später duften soll, und sie ist auch von dem Öl abhängig. Als Richtwert kann gelten: 20–30 Tropfen Öl für 30 ml Energiespray. Wenn du die ätherischen Öle in den Alkohol gegeben hast, schwenke oder schüttele die Flasche ein paar Mal, damit sich beide Flüssigkeiten vermischen. Fülle danach die Flasche mit Wasser auf. Dies ist deine Grundflüssigkeit. Der nächste Schritt ist, dein Spray entsprechend deinen Wünschen zu energetisieren.

Herstellung von Energieölen

Energiesprays lassen sich am besten für die Aura und den feinstofflichen Raum nutzen. Energieöl hingegen trägt man direkt auf den Körper auf. Wir stehen dann in direktem Kontakt mit der Energie und nehmen die Informationen auch über die Haut auf. Es gibt für mich kaum Schöneres, als mich nach einem reinigenden Bad mit meinen gut duftenden Energieölen einzureiben. Öle können auch auf die Schläfen, auf die Brust im Bereich des Herzens oder auf die Arminnenseiten gerieben werden und so sehr schnell ihre wohltuende, stärkende und harmonisierende Wirkung verbreiten.

Zur Herstellung von Energieölen brauchst du:
- ein Basisöl wie Mandel- oder Jojobaöl
- ätherische Öle
- Braun- oder Blauglasflaschen mit Tropfeinsatz

Ich benutze bei meinen Energieölen meistens eine Mischung aus Jojoba- und Mandelöl, denn beide Öle ziehen schnell in die Haut ein und hinterlassen ein samtig-weiches Gefühl auf der Haut.

Gib zuerst die ätherischen Öle in die Flasche. Für 30 ml Basisöl reichen 10–20 Tropfen ätherisches Öl aus. Ich liebe den Duft von ätherischen Ölen und dosiere meine Sprays und Öle immer relativ stark. Probiere aus, ob die Mischung für dich stimmig ist. Gib nun nur einen Schuss Öl in die Flasche. Schwenke die Flasche, und schüttele sie ein bisschen. Fülle erst dann die Flasche mit dem restlichen Basisöl auf. Das ist deine Grundflüssigkeit. Anschließend folgt die Energetisierung.

Ein kleiner Tipp:
Im Fachhandel gibt es auch Duftmischungen, die meist harmonisch aufeinander abgestimmt sind und es dir ermöglichen, ohne Vorkenntnisse ein gut riechendes Öl oder Spray herzustellen.

Herstellung von Energieessenzen

Energieessenzen sind am einfachsten herzustellen und am schnellsten anzuwenden. Du kannst die Essenz in Wasser oder pur auf die Zunge geben, auf der Haut verreiben, in das Essen tröpfeln und auf Objekte auftragen. Weil sie keine duftende Grundlage besitzen, sind sie universell anwendbar. Man kann sich eine passende Essenz leicht in die Tasche stecken und überallhin mitnehmen. Ein paar Tropfen eingenommen, bewirken sofort, dass sich dein Energiefeld verändert.

Zur Herstellung von Energie-Essenzen brauchst du:
- etwas Alkohol
- Wasser (ideal ist destilliertes oder gefiltertes Wasser)
- Braun- oder Blauglasflaschen mit Tropfeinsatz

Natürlich lassen sich die Essenzen auch mit reinem Wasser herstellen, doch dann sind sie nicht lange haltbar. Der Alkohol dient der Konservierung der Essenz. Verwende nur Alkohol zum Einnehmen, den du in der Apotheke kaufen kannst. Du kannst die Essenz auch mit Weinbrand, Korn oder Amaretto ansetzen. Das Mischungsverhältnis der Essenz ist 70% Wasser und 30% Alkohol. Wenn du die Essenzen länger haltbar machen willst, erhöhe einfach den Anteil des Alkohols. Gib nun Wasser und Alkohol in die Flasche, und übertrage die Energien und Informationen, die du ausgewählt hast, in deine Essenz.

Noch ein kleiner Hinweis:
Vielleicht hast du schon daran gedacht: Du kannst auch ein paar Tropfen deiner Essenz in eine Duftlampe geben, dann verteilt sich die Energie unauffällig im ganzen Raum.

Lagerung

Die Sprays, Öle und Essenzen sollten kühl und trocken gelagert werden. Von einer Lagerung im Kühlschrank rate ich jedoch ab, ein Schrank oder eine Kommode reicht völlig aus.

Energetisierung von Wasser

Es gibt viele Bücher zum Thema Wasser und so viele Möglichkeiten, Wasser zu informieren und zu energetisieren. Nachdem der japanische Wissenschaftler Masaru Emoto erstmals sichtbar gemacht hat, dass Wasser wie kaum ein anderes Medium Informationen speichert, gab es einen regelrechten Boom zu diesem Thema. Die verschiedensten Möglichkeiten, Wasser zu beleben, zu informieren und zu energetisieren, entstanden. Bewahre dir trotz der vielen Methoden deinen kritischen Blick.

Wir bestehen aus Wasser und brauchen es, damit die Funktionen unseres Körpers gewährleistet sind. Es gibt kein anderes Lebensmittel, das wir so dringend benötigen und so stark konsumieren. Wieso sollten wir dann dieses Wasser nicht mit den Energien aufladen, die wir zur Heilung brauchen? Wir trinken das Wasser, und die Informationen breiten sich sofort in unserem gesamten Körper aus – einfacher geht es nicht.

Anleitung

Wasser lässt sich mit jeder gewünschten Energie aufladen. Es nimmt Informationen besonders schnell auf und gibt sie auch weiter. Der Effekt ist sofort spürbar, auch auf körperlicher Ebene. Das Wasser, das wir trinken, berührt jede Zelle in unserem Körper, es füllt unseren ganzen Körper aus.

Fühle in dich hinein, und wähle intuitiv die Information und Energie aus, die in deinem Körper schwingen soll. Stelle das Wasser auf einem Symbol ab, oder nimm die Karaffe oder das Glas direkt in die Hand, und energetisiere es. Du kannst auch die Energieessenzen dazu verwenden.

Der Therapie-Teddy

Kuscheltiere gehören zu unserem Alltag und trösten nicht nur die Kleinen. Sie sind Seelenwärmer und Trostspender, und fühlen sich weich und flauschig an. Es ergibt wenig Sinn, zum Beispiel ein Buch oder einen Taschenrechner zu energetisieren, um dieses Kraftobjekt später im Arm zu halten oder auf den Bauch zu legen. Der Kuschelfaktor, die Harmonie und das Gefühl, dass es sich gut anfühlt, fehlen. Bei einem Kuscheltier ist das natürlich anders. Wir können es streicheln, das Gesicht darin vergraben, und es fühlt sich warm und weich auf der Haut an.

Ein Therapie-Teddy oder ein anderes energetisiertes Kuscheltier ist ein fantastisches Geschenk, gerade für Kinder, die von Natur aus gern mit Kuscheltieren spielen.

Anleitung

Komm zur Energetisierung in einen meditativen Zustand, und versuche, deine Gedanken zur Ruhe zu bringen und zu fokussieren. Nimm das Kuscheltier in deine Hände, und komme in Kontakt mit dem Objekt. Wähle nun eine Energie aus. Sprich vielleicht ein Heilgebet, oder erzeuge einen Ton, der dich und auch andere beruhigt. Rufe ein bestimmtes Gefühl in dir hervor, oder bitte einen Engel um Unterstützung. Lasse deine Hände auf dem Kuscheltier, und spüre, wie sich die Energie überträgt. Kannst du es spüren?

Energetisierter Schmuck und Steine

Sicherlich hat jeder Mensch zu Hause einen Edelstein, eine Kette, ein Armband oder ein Amulett, und er trägt diesen

Schmuck vielleicht auch manchmal. Schmuck eignet sich so gut zur Energetisierung, weil wir ihn oft an unserem Körper tragen. So kann die Information bzw. die Energie direkt wirken. Eine Kette oder ein Edelstein lässt sich auch sehr gut verschenken. Du kannst z. B. einen Stein mit der Energie der Kraft und des Muts energetisieren und ihn deinem Kind in die Schule mitgeben.

Anleitung

Wähle ein Objekt aus, das dir gefällt, und energetisiere es mithilfe einer der Möglichkeiten, die du bereits kennengelernt hast.

Dein eigener Kraftplatz

Seit jeher suchen Menschen Plätze in der Natur oder auch monumentale Gebäude auf, um sich mit der Energie aufzuladen, die sie an diesen Orten vorfinden. Wenn wir uns solch einem Platz nähern, spüren wir das Kribbeln in der

Luft, und auch der Körper fängt langsam an, vor Lebenskraft zu vibrieren. Diese Plätze fühlen sich so heilig an, und demütig schließen wir unsere Augen und fühlen ganz tief in unseren Körper hinein. Wir laden unsere Energiereserven wieder auf, sorgenvolle Gedanken verschwinden wie von selbst, und gestärkt verlassen wir wieder diese Orte. Es gibt viele Kraftorte. Die bekanntesten sind wohl Stonehenge und Glastonbury in England, der Wallfahrtsort Lourdes in Frankreich und die Externsteine in Deutschland. Kraftorte wirken so mystisch, dennoch ist ihre Wirkung leicht erklärbar.

Wir Menschen bestehen aus feinen Nervenbahnen, Nadis oder Meridiane genannt. Wir haben Energiezentren, die sogenannten Chakren, die die Energie durch unseren Körper leiten. Jedes Chakra bedarf einer eigenen Bemeisterung, es strahlt eine ganz bestimmte Frequenz aus.
Auch Mutter Erde hat feine, für uns oft unsichtbare Nervenbahnen, und auch in ihr bzw. auf ihr existieren diese Energiezentren. Seit Urzeiten verfügen sensible und wissende Menschen über dieses Wissen, und viele prächtige Gebäude wurden genau auf diesen Energiebahnen und -zentren

errichtet. Andere Kraftplätze wurden von Wesen erschaffen, die wir Außerirdische nennen würden. Sie dienten der Kommunikation und der Verteilung von Energie. Viele Menschen glauben, dass die Pyramiden solche Kraftorte sind. Auch Aufgestiegene Meister erschufen Kraftplätze, als sie auf dieser Erde wandelten, um ihren Segen denen zu schenken, die den Ort aufsuchen. Glastonbury und Christus selbst wären ein Beispiel hierfür.

Kraftorte sind starke energetische Felder. Es ist keineswegs so, dass an diesen Plätzen immer das gleiche energetische Feld vorherrscht. Jeder Kraftort unterscheidet sich in seiner Schwingung, in seiner Qualität, in seiner Wirkungsweise auf den Resonanzkörper des Menschen, in seiner Farbe und in seinem Klang von den anderen Kraftorten.

Wenn Kraftplätze »einfach« starke energetische Felder sind, bedeutet das auch, dass wir fähig sind, sie zu erschaffen. Es ist nicht unbedingt notwendig, zu einem Kraftort zu fahren, auch wenn ich jedem empfehle, diese Erfahrung einmal zu machen. Wir können uns auch unseren ganz persönlichen Kraftort in unserem Zuhause erschaffen.

Suche dir dazu einen Platz in deiner Wohnung, der dir als Zentrum dient. Vielleicht hast du in deinem Haus ein Meditationszimmer, in das du dich zurückziehst, oder eine Leseecke, in der du oft sitzt. Vielleicht hast du ein eigenes Büro, das du nutzt, um in deine Inspiration und Kreativität zu kommen.

Die wichtigste Grundlage dafür, einen Kraftplatz zu erschaffen, ist die, sich an diesem Ort wohlzufühlen. Suche dir bewusst einen freien Platz oder Raum in deiner Wohnung, und gestalte ihn nach deinen Wünschen und Vorstellungen. Erschaffe dir einen Altar, auf dem Kerzen stehen, oder verschönere deine Wände mit Bildern, die dir Kraft geben. Male die Wände in deiner Lieblingsfarbe an, und stelle deine Lieblingsblumen auf. Gestalte deinen Kraftplatz so, wie es dir gefällt. Was macht dir Freude? Welches Symbol, welches Bild, welche Figur hat für dich eine magische Ausstrahlung? Dein Kraftplatz sollte dir auch »äußerlich« gefallen.

Wenn du dir deinen Platz so eingerichtet hast, dass er dein Herz mit Freude erfüllt, folgt der nächste Schritt: die energetische Reinigung deines Hauses. Auf welche Weise du dein Haus reinigst, bleibt dir selbst überlassen. Folge deinem Gespür. Vielleicht möchtest du räuchern oder energetisiertes Putzwasser verwenden. Vielleicht bittest du um die Reinigung durch ein Lichtwesen oder machst ein Ritual.

Wenn auch die energetischen Felder in deiner Wohnung geklärt sind, folgt die energetische Aufladung deines Kraftorts. Mache dir bewusst, welche Energie du brauchst. Wie fühlst du dich? Mit welcher Energie möchtest du dich aufladen? Was soll dein Zuhause für dich sein? Möchtest du einen Ort voller Harmonie haben? Oder willst du einen Platz für dich finden, der dich einhüllt und dir einen energetischen Rückzug ermöglicht? Sehnst du dich nach Ruhe und Frieden, oder brauchst du Stärke und Mut? Wähle die Energie, die du brauchst, und erschaffe sie.

Anleitung

Nimm dazu ein paar Steine. Es müssen nicht unbedingt Edelsteine sein, es reichen auch Steine, die du beim Spazierengehen gefunden hast. Reinige diese Steine, und stelle sie erst einmal an deinem Platz auf. Versuche, deinen Platz als Ganzes zu erfühlen, und sprich ein kleines Gebet. Drücke deine Absicht aus, und bestimme, welche Energie dein Kraftplatz ausstrahlen soll:

»Mit meiner Schöpferkraft und der Hilfe der geistigen Lichtwelt erschaffe ich hier und jetzt einen Ort der Freude, der Liebe, der Inspiration, der Ruhe und der Kraft. All die Objekte, die hier auf diesem Altar stehen, mögen sich genau mit diesen Energien aufladen. Dieser von mir erschaffene Kraftplatz soll so lange wirken, wie ich es wünsche.«

Visualisiere und fühle, wie Energien mit unterschiedlichen Farben und Energien von verschiedenen Lichtwesen deinen Kraftplatz einhüllen und sich ein energetisches Feld bildet. Nimm die Steine, und lege sie in verschiedene Ecken deines Hauses oder deiner Wohnung. Sie tragen die Energie, um die du gebeten hast. Stelle dir vor und fühle, wie sich die Steine miteinander verbinden, Ecke um Ecke, Wand um Wand. Sie erschaffen ein Feld, dessen Zentrum der Kraftplatz ist – deinen ganz eigenen Ort der Kraft. Es steht dir natürlich frei, wie du deinen Kraftplatz erschaffst. Du kannst auch eine Meditation machen.

Weitere Anwendungen deiner Schöpferkraft

Ich möchte dir noch ein paar kleine Impulse für weitere Anwendungen deiner Schöpferkraft geben. Wie bereits gesagt, gibt es keine Begrenzung der Möglichkeiten. Du wirst intuitiv spüren, wie du von deiner Schöpferkraft Gebrauch machen kannst, auch auf einem anderen Weg als dem hier beschriebenen. Ich würde mich freuen, wenn du mir von den von dir erschaffenen Objekten berichten würdest. Meine Kontaktdaten findest du auf der letzten Seite.

Medizin

Du kannst auch all deine medizinischen Hilfsmittel energetisch aufbereiten, einerseits durch die Reinigung mit der Violetten Flamme, andererseits durch die direkte Zugabe von Informationen und Energien. Bei diesem Vorgang werden die Inhaltsstoffe und die Wirkstoffe der Medizin, z. B.

der Salbe, der Säfte oder der Tabletten, von der Energetisierung nicht beeinflusst. Du gibst lediglich feinstoffliche Informationen dazu und sorgst so dafür, dass die Medizin tiefer und auf allen Ebenen deines Seins wirken kann.

Ebenso wirksam ist es, die Medizin so zu informieren, dass keinerlei Nebenwirkungen in deinem Körper auftreten. Informiere dann die Tabletten mit der Aussage: »Mein Körper kann diese Tablette optimal verwerten. Diese Medizin hat folgenden Effekt auf meinen Körper …«

Kleiner Tipp:
Du kannst außerdem wirkstofflose Globuli in der Apotheke kaufen und sie mit den Informationen und Energien versehen, die dein Körper braucht. Dazu brauchst du nur die Globuli, eine Braun- oder Blauglasflasche und natürlich deine Schöpferkraft.

Kerzen

Auch Kerzen sind Objekte unseres alltäglichen Lebens. Wie kaum ein anderes Objekt erschaffen sie eine rituelle, friedvolle und gesegnete Atmosphäre. Einmal entzündet, sind sie fähig, Stimmungen zu verändern. Ihre leuchtende und flackernde Flamme erinnert uns an unser ureigenes inneres Licht.

Violette Kerzen stehen für die gelebte Spiritualität. Sie helfen uns dabei, nach innen zu schauen und unterstützen uns in der Meditation. Violett ist auch immer die Farbe der Umwandlung und Reinigung. Bei einer Heilbehandlung können wir sie gezielt dazu einsetzen, die Energien, die sich lösen, zu reinigen.

Eine grüne Kerze führt uns in die Harmonie. Grün ist die Farbe der Heilung und des Ausgleichs und wirkt sehr stark harmonisierend auf den Körper.

Eine blaue Kerze schenkt uns Ruhe, Klarheit und Schutz. Das Blau grenzt uns ab und erlaubt es uns, in unseren eigenen Raum einzutreten und uns dort auszudehnen. Eine blaue Kerze vermittelt immer eine Atmosphäre von Klarheit. Anspannungen lösen sich sofort, ob auf geistiger oder körperlicher Ebene. Blau lässt uns aufatmen.

Eine rote Kerze symbolisiert unsere Lebensenergie und führt uns in unsere Tatkraft. Rot stimuliert alle Ebenen unseres Seins. Dies trifft besonders auf die Funktionen unseres Körpers zu. Schaue einmal eine Zeit lang auf ein rotes Blatt Papier. Du wirst schnell feststellen, dass dein Körper alle Kräfte mobilisiert und du mehr Energie bekommst.

Eine orange Kerze enthält die stärkende Energie des Rot und die erleichternde Energie des Gelb. Gelb und Rot vereinen sich und schenken uns neuen Lebensmut und Lebensfreude.

Dies ist nur ein kleiner Überblick über die Wirkung der Farben. Mit einer Energetisierung der Kerzen erreichst du, dass sich ihre Wirkung verstärkt, und du erzeugst die Energie, die du dir wünschst. Du kannst die Kerzen z. B. mit einer Energieessenz einreiben. Du kannst die Farbe der Kerze aber auch nach der Zuordnung zu den Engeln und Aufgestiegenen Meistern auswählen und die Lichtwesen um Unterstützung bitten.

Ritze z. B. den Namen von Erzengel Michael in eine blaue Kerze, und bitte ihn darum, seinen blauen Strahl des Mutes und des Schutzes in die Kerze fließen zu lassen. Bitte darum, dass die Kerze als Kanal für seine Energie dient. Wenn du einen stärkeren Bezug zu den Aufgestiegenen Meistern hast, kannst du El Morya anrufen, der auch über den blauen Strahl wirkt.

All das trifft natürlich auch auf die anderen Farben zu. Wie durch ein Prisma gesehen, unterteilen sich die Energien und verschiedenen Farben. Engel und Aufgestiegenc Meister wirken auf unterschiedlichen Farbstrahlen. So kannst du jede Farbe einem Meister oder Engel zuordnen. Die Lichtwesen freuen sich, wenn du ihnen eine Kerze schenkst und dich so ganz bewusst mit ihnen verbindest.

Statuen

Für manche Menschen mag es absurd klingen, dass man aus einer Plastikbuddha-Figur eine Quelle unerschöpflicher Energien machen kann. Aber es ist möglich. Ich bevorzuge »lebende« Objekte oder natürliche Materialien. Dennoch ist es nur eine Frage der Absicht und des Glaubens. Es gibt viele Objekte, die seit Jahrhunderten eine Energie in sich tragen, die Menschen Heilung schenken. Wir sehen nur diese Objekte, und sofort wandeln sich die Energien, und unglaubliche Dinge geschehen. Diese Objekte gibt es, und ich frage dich: Wie glaubst du, sind sie entstanden? Wer hat sie erschaffen? Woher nehmen sie die Energie?

Energetische Felder lassen sich überall erschaffen und durchdringen jegliche Materie. Du hast bei der Energetisierung von Objekten Zugriff auf die Energiestruktur auf feinster Ebene. Deine Energie verbindet sich mit den Molekülen des Objektes. Jedes Atom wird von deiner Energie umschlossen und beginnt zu leuchten.

Nimm ein Objekt deiner Wahl, und energetisiere es. Entscheide, welche Funktion deine Statue haben soll, und dann gib ihr die Energie, die sie braucht, um diese Funktion zu erfüllen.

Fernübertragung

Du hast gesehen, welche Objekte der Kraft du mit deiner Schöpferkraft erschaffen kannst. Viele dieser Objekte müssen direkt angewendet werden. Ein Energieöl zum Beispiel kann nur wirken, wenn das Öl eingerieben wird. Energiesprays können ihre Wirkung nur entfalten, wenn die Energien mit der Aura in Kontakt kommen. Selbst Steine, Schmuck oder andere energetisierte Objekte wirken nur, wenn du sie am Körper trägst oder dich in ihrem Umfeld aufhältst.

Eine sehr wichtige Anwendung der Schöpferkraft ist aber, anderen dabei zu helfen, in ihr eigenes Potenzial zu kommen. Es geht nicht nur darum, sich selbst zu heilen, sondern eben auch darum, anderen Menschen bei ihrer Heilung beizustehen. Mit deiner Geisteskraft hast du auf alles Einfluss. Du kannst jegliche Energie wandeln. Du kannst die Aura eines jeden Menschen und eines jeden Objektes verändern, wenn du darum gebeten wirst.

Wenn es jemanden gibt, dem du eine bestimmte Information, eine Affirmation, einen Klang, eine Heilenergie, ein Wort oder ein Gefühl senden möchtest, kannst du dies mit deiner Schöpferkraft machen.

Anleitung

Sieh die Person oder das Objekt vor dir, und lasse einfach die Energien fließen, die sich bei dir intuitiv melden. Lasse deine Intuition zu dir sprechen, und frage das höhere Selbst der Person, welche Energie sie im Moment benötigt, um in ihre Kraft zu kommen.

Eine weitere sehr schnelle und effektive Möglichkeit ist die Arbeit mit den Übertragungskarten. Auf den Übertragungskarten gibt es immer zwei Felder. Das eine stellt die Quelle, die zu übertragende Information, dar. Das andere Feld symbolisiert das Ziel, den Ort, an dem die Energien und Informationen »landen« sollen.

Nun brauchst du eine Trägersubstanz in einem kleinen Fläschchen. Dazu eignen sich Wasser, Alkohol, Steine, Globuli oder sogar Reiskörner. Übertrage die Energien und Informationen auf die Trägersubstanz, und stelle das Fläschchen in dem ersten Feld ab. Nimm dann einen Zettel, und schreibe den Namen der Person darauf, die die Energien empfangen soll. Lege ihn in das zweite Feld. Du kannst auch ein Foto der Person verwenden.

Eine weitere Möglichkeit der Energieübertragung ist eine Energiekugel. Setze dich entspannt hin, und erschaffe zwischen deinen Händen eine Energiekugel. Fülle sie nun mit den Energien und Informationen auf, die dir intuitiv einfallen, und sende dann diese Kugel zu der Person oder dem Objekt deiner Wahl.

Wichtiger Hinweis:

Du wirst schnell feststellen, dass es Felder gibt, die nicht beeinflusst werden wollen. Dies musst du unbedingt akzeptieren. Nichts geschieht auf dieser Welt aus Zufall, und wir Menschen brauchen manchmal Krisen, um uns zu entwickeln. Krankheiten dienen uns ebenfalls, wenn auch nur indirekt. Eine Krankheit ist immer ein Bote, der uns zeigt, dass die Energien nicht im Einklang sind. Oft sind es doch gerade schwierige Situationen, die uns dabei helfen, aus unseren Träumen zu erwachen und unser Schicksal in die eigene Hand zu nehmen. Egal, wie gern du helfen möchtest, das, was du als Leid interpretierst, kann in Wahrheit ein Segen sein. Wenn du also eine andere Person energetisch behandeln möchtest, frage zuerst das höhere Selbst der Person, ob diese Hilfe auch erwünscht ist. Wenn keine Hilfe benötigt wird, wirst du ein ungutes Gefühl oder ein »Nein« wahrnehmen. Es kann auch sein, dass du ein Geistwesen siehst, das vor dir steht und dir liebevoll zu verstehen gibt, dass die Person mit allem versorgt ist, was sie braucht.

Abschluss

Lieber Leser,

die beschriebenen Anwendungen der Schöpferkraft dienen dir als Werkzeug, als Kanal für die Energien, die du und andere für ihren Ausgleich brauchen.

Ich habe mich schon immer dafür interessiert, mit Energien zu spielen. Ich liebe das Erschaffen und das Entdecken der unbegrenzten Möglichkeiten. Als ich in meiner Jugend anfing, mich in energetischen Heilweisen auszubilden, kam ich auf den Gedanken, Energien auf Objekte zu übertragen. Ich begann mit Steinen. Schnell merkte ich, dass die Energien wirkten, und drang immer tiefer in die Wirkungsweisen von Energien ein. Weil ich mich auch schon in jungen Jahren mit Pflanzen und Ölen beschäftigte, erschuf ich schon bald Energiesprays mit unterschiedlichen Energien und Düften. Die gleiche Herstellungsweise übertrug ich auf andere Objekte. Ich verschenke bis heute zum Beispiel gern energetisiertes Badesalz oder stelle energetisierte Globuli her. Meine Intuition sagt mir dann, welche Energien, welche Steine, welche Engel, welcher Klang, welche Information der Mensch gerade braucht.

Was ich festgestellt habe, ist, dass viele Menschen nie auf den Gedanken kommen würden, so etwas selbst zu machen. Aus der Ohnmacht oder dem mangelnden Vertrauen ins uns heraus glauben wir, dies nicht tun zu können. Ich kenne dies auch sehr gut. Einen großen Teil meines Lebens schien es so, als ob andere die Gewalt über mein Leben hätten. Ich war immer von Energien umgeben, die mich klein halten wollten. Meine Liebe wurde missachtet, mein Licht verdunkelt. Ich hatte sogar eine Krankheit, die mich nicht mehr wachsen ließ. Irgendwann in meinem Leben wurde von mir eine Entscheidung gefordert, ich selbst habe sie von mir gefordert. Glaube ich jetzt an meine Größe, und vertraue ich jetzt dem Gott in mir, oder gebe ich weiterhin meine Macht ab?

Diese Entscheidung kannst du auch treffen. Sage ja zu dir selbst und der Energie, die in dir wohnt. Beginne, deine Großartigkeit zu erkennen. Du bist wahrlich großartig und ein Ebenbild Gottes.

Ich wünsche dir viel Freude und segensreiche Erfahrungen
mit deinen Objekten der Kraft.
Ich danke dir.

Alles Liebe
Georg

Viele Informationen über den Autor und seine Arbeit erhältst du auf der Internetseite
www.das-lichtzentrum.de

Hast du Fragen zur Spiritualität? Interessierst du dich für Heilmethoden? Möchtest du mit deinem göttlichen Selbst in Kontakt treten? Oder suchst du geführte Meditationen mit Engeln und Aufgestiegenen Meistern? Dann melde dich für den Newsletter von www.das-lichtzentrum.de an.

Georg Huber
Energetische Hausreinigung
Kräuter und Engel im
Einsatz

96 Seiten, farbig bebildert
ISBN: 978-3-89767-396-0

Dieses kompakte Büchlein zeigt Ihnen, wie Sie Ihre Wohnung so reinigen können, dass Sie sich wieder pudelwohl fühlen.

Eine positive Stimmung in Ihrem Haus überträgt sich auf Sie und gibt Ihnen Kraft und das Gefühl von Geborgenheit.

Ein einfaches Reinigungsritual, das aus sechs leicht zu erlernenden Schritten besteht, zeigt Ihnen den Weg, wie Sie sehr effektiv eine regelmäßige Hausreinigung durchführen können. Sei es mithilfe von Energiesprays, Räucherstoffen, Energiesymbolen, Klängen oder Meditationen mit der Violetten Flamme. Lassen Sie sich Schritt für Schritt ganz leicht vom Autor anleiten.

Befreien Sie Ihr Zuhause von allen Energien, die Ihrem Wohlfühlen im Wege stehen, und harmonisieren Sie Ihr Umfeld.

Georg Huber
**Räucherstoffe und
Räucherstäbchen**
Eine kleine Räucherfibel

112 Seiten, farbig bebildert

ISBN: 978-3-89767-858-3

Diese kleine Räucherfibel vereint alles Wissenswerte über die Welt des Räucherns: die wichtigsten Methoden des Räucherns sowie Anleitungen für den Umgang mit unterschiedlichen Gefäßen. Auch eine Vielzahl von Pflanzen, Hölzern, Harzen und deren Wirkungen werden Ihnen vorgestellt. Das Herzstück des Buches bildet die Räucherung mit Stäbchen und Kegeln. Der Autor erklärt Ihnen diese einfache Form des Räucherns und die unterschiedlichen Qualitätsstufen des Räucherwerks ausführlich. Außerdem lernen Sie, Räucherstäbchen, -kegel und -papier auf leichte Weise selbst herzustellen. Gründlich überarbeitete Rezepte und bebilderte Anleitungen helfen Ihnen dabei, das Gelesene in die Praxis umzusetzen. Lernen Sie die Kraft und den Zauber Ihres persönlichen Räucherwerks kennen!